Das Tütensuppen Kochbuch

Kordula Werner

Das Tütensuppen Kochbuch

Holen Sie
das Beste
aus der Tüte!

vgs

Inhalt

Holen Sie das Beste aus der Tüte!

Tütensuppen haben wir alle in unserer Küche – immer griffbereit in einer Schublade halten sie sich für den Notfall bereit. Immer wenn der kleine oder große Hunger kommt, wenn sich überraschend Besuch ankündigt, wenn wir mal wieder keine Lust zum längst fälligen Großeinkauf haben – dann greifen wir zu unserer Lieblingstütensuppe. Ein wenig verschämt vielleicht... denn so richtig gesellschaftstauglich scheint uns das Pulver aus der bunten Tüte nicht zu sein.

Falsch gedacht! Die kleine Mahlzeit aus der Tüte ist angesagt. Jeder ihrer Anhänger schwört seit Jahren auf „seine" Tüte, die er am liebsten isst, auf die er regelmäßig Appetit bekommt. Und jeder hat seine ganz eigene Methode, seine Suppenfavoriten ein wenig aufzupeppen, zu verfeinern und sie damit zu „seinem" Rezept zu machen. Tütensuppen-Feintuning eben.

Die originellsten, geschmackvollsten, feinsten, deftigsten, schnellsten und ideenreichsten – kurz, die besten Rezepte der großen Tütensuppen-Fangemeinde haben wir in diesem Buch gesammelt. Und ich habe natürlich meine persönlichen Lieblinge darunter gemischt.

Viel Spaß beim Rühren! Versuchen Sie es doch auch einmal und mixen und tunen Sie nach Ihrem persönlichen Geschmack. Einfach aufreißen, einrühren und die Fantasie spielen lassen. Vielleicht kommen auch Sie so zu einem neuen Lieblingsrezept aus der Tüte – schnell, unkompliziert und einfach köstlich!

Kordula Werner

für 2 Teller
10 Min

1 Tüte Alpenländer Käsecremesuppe (für 1/2 l)
100 ml trockener Weißwein
2 Knoblauchzehen
1 Frühlingszwiebel
2 Toastbrotscheiben
1 Stich Butter zum Rösten

Martin wußte nicht, wann er das letzte Mal so einen Kater gehabt hatte. Und den anderen ging es auch nicht viel besser. Und zu dem Nachdurst kam jetzt noch der nagende Hunger. Doch alles was der Küchenschrank hergab, war die Käsetütensuppe und Toastbrot. Nicht gerade fürstlich. Doch zum Glück zauberte Klaus daraus die leckerste Käsecremesuppe, die Martin je gegessen hatte. Das Rezept hat sich Martin gleich gemerkt – und wenn er mal gerade keinen Kater hat, gibt er einfach auch noch etwas Weißwein dazu.

400 ml kaltes Wasser mit dem Wein zum Kochen bringen. Knoblauchzehen schälen und fein reiben oder quetschen. Packungsinhalt mit dem Schneebesen in die kochende Flüssigkeit rühren, Knoblauchmus hinzufügen und alles bei geringer Hitze ca. 5 Minuten kochen lassen. Dabei ab und zu umrühren.

Die Frühlingszwiebel putzen, hacken oder in dünne Ringe schneiden und in die Suppe geben. Die Toastscheiben diagonal vierteln und die entstandenen Dreiecke nochmals teilen.

Butter in einer Pfanne zerlassen und die Toastecken darin knusprig rösten. Die fertige Suppe auf zwei Teller verteilen und die Toastecken auflegen.

Käsecremesuppe mit Wein und Toast

für 4 Teller
15 Min

1 Tüte Broccolisuppe (für 1 l)
150 g Tofu
1 Ei
2 geh. EL Mehl
3 geh. EL Sesam, geschält
Öl zum Ausbacken
100 g Radieschensprossen
Kräutersalz, Pfeffer
1 Spritzer Zitronensaft

1 l kaltes Wasser in einen Topf gießen und den Packungsinhalt mit einem Schneebesen einrühren. Unter Rühren aufkochen und bei schwacher Hitze ca. 5 Minuten kochen lassen, dabei gelegentlich umrühren.

In der Zwischenzeit den Tofu in dicke Streifen schneiden und das Ei mit einer Gabel in einem flachen Teller verquirlen. Mehl und Sesam getrennt auf 2 flache Teller geben. Die Tofustäbchen zuerst in Mehl, dann im verquirlten Ei und zuletzt in den Sesamkörnern wenden. Öl in einer Pfanne erhitzen und die Tofustreifen darin von jeder Seite ca. 1 Minute anbraten.

Die Radieschensprossen in die fertige Suppe geben, alles umrühren und die Sprossen ca. 1 Minute darin ziehen lassen. Anschließend die Suppe mit Kräutersalz, Pfeffer und Zitronensaft abschmecken. Die Tofustreifen auf die Teller verteilen und die Suppe dazugießen.

Broccolisuppe mit Radieschensprossen und Tofustäbchen

für 4 Schalen
30 Min

1 Tüte Broccolisuppe
(für 1 l)
2 Blätterteigscheiben (TK)
2 Knoblauchzehen
50 g Gorgonzola
schwarzer Pfeffer
1 Eigelb

Packungsinhalt in 1 l kaltes Wasser einrühren und bis zum Kochen erwärmen. In der Zwischenzeit die Blätterteigscheiben einzeln bereit legen.

Die Knoblauchzehen schälen und fein reiben. Knoblauchmus in die kochende Suppe geben, den Gorgonzola ebenfalls hinzufügen und unter Rühren in der Suppe schmelzen. Die Suppe 5 Minuten köcheln lassen, nach Geschmack mit schwarzem Pfeffer würzen und auf vier feuerfeste Schalen verteilen.

Aus den Blätterteigscheiben Kreise mit einem etwa 2 cm größeren Durchmesser als der der Schalenöffnung ausschneiden.

Das Eigelb verquirlen und den oberen Rand der Schalen damit einpinseln, die Blätterteigkreise über die Schalen legen, den Rand festdrücken. Jede Blätterteighaube mit Eigelb bepinseln. Im vorgeheizten Backofen bei 220°C ca. 10 Minuten überbacken.

Broccolisuppe mit Blätterteighaube

Eigentlich hatte Tina die Blätterteigscheiben ja für ihr Lieblingsgericht „Apfel im Schlafrock“ gekauft. Doch dann wollte Alexander unbedingt was „Herzhaftes“. Zum Glück lag da noch die Tüte Broccolisuppe im Schrank. Und seitdem ist die Broccolisuppe mit Gorgonzola und Blätterteighaube nicht nur Alexanders, sondern auch Tinas neues Lieblingsgericht. Obwohl sie auch „Apfel im Schlafrock“ weiterhin ganz lecker findet.

Chinesische Gemüsesuppe mit Kürbis und Ingwer

für 4 Teller
25 Min

- ca. 200 g Kürbisfleisch (z. B. 1/2 kleiner Hokkaido, frisch oder aus dem Glas)
- 1 Stück Ingwer (daumennagelgroß)
- 1 Tüte Chinesische Gemüsesuppe (für 3/4 l)
- 1 geh. EL Schmand
- 2 TL Ahornsirup
- 1 TL Zitronensaft
- 1–2 Msp. Kreuzkümmel

Kürbis in Spalten schneiden, mit einem Esslöffel Fasern und Kerne entfernen, schälen und in kleine Stücke schneiden. Ingwer ebenfalls schälen und ganz fein schneiden bzw. reiben.

3/4 l kaltes Wasser mit Kürbisstücken und Ingwer zum Kochen bringen. Vom Herd nehmen, einige Kürbiswürfel beiseite stellen und den Rest mit dem Pürierstab pürieren. Wieder auf den Herd setzen, mit einem Schneebesen den Packungsinhalt einrühren und ca. 5 Minuten garen lassen.

Schmand und Ahornsirup unterrühren, die Kürbiswürfel wieder hineingeben und die Suppe mit Zitronensaft und Kreuzkümmel abschmecken.

für 2 Teller
10 Min

1 Tüte Kräutercremesuppe (für 1/2 l)
1 frische Bratwurst
2 geh. EL Kapern aus dem Glas
1/2 EL Senf

Packungsinhalt mit dem Schneebesen in 1/2 l kaltes Wasser einrühren. Das Ganze erwärmen und unter Rühren aufkochen.

Die Bratwurstpelle an einer Seite aufschneiden und ca. 10 kleine Bällchen aus der Pelle heraus in die Suppe quetschen. Die Suppe mit den Bällchen bei geringer Hitze ca. 5 Minuten köcheln lassen.

Die Kapern kurz abspülen und mit dem Senf in die Suppe rühren.

Kräutercreme-suppe mit Bratwurstklößchen und Kapern

Crème-fraîche-Suppe mit Sauerkraut und Gnocchi

für 2 Teller
10 Min

1 Tüte Crème-fraîche-Suppe „Elsässer Art“ (für 1/2 l)
100 g frisches Sauerkraut (oder aus der Konserve)
200 g Gnocchi (Kühlregal)
1 Bund frische Petersilie

1/2 l Wasser erhitzen und den Packungsinhalt mit dem Schneebesen in das kochende Wasser einrühren.

Sauerkraut mit einer Schere klein schneiden und in die Suppe geben. Gnocchi hinzufügen und die Suppe unter Rühren ca. 2–3 Minuten leicht köcheln lassen.

Währenddessen die Petersilie hacken und vor dem Servieren auf die Suppe streuen.

O je, Sonntagnachmittag. Wieso war ich gestern nur nicht nochmal einkaufen? Dabei wußte ich doch, dass Tom bestimmt hungrig vorbeikommen würde. Nun konnte ich nur noch diese Crème-fraîche-Tütensuppe, eine Dose Sauerkraut und Gnocchi in meiner reichhaltigen Speisekammer finden. Tom warf todesmutig alles zusammen – denn er hatte wirklich Hunger... Hinterher war er nicht nur satt, sondern auch glücklich, dass er ein neues Lieblingsrezept entdeckt hatte.

Flädlesuppe mit Salbei und Bauchspeck

für 3 Teller
10 Min

100 g Bauchspeck
oder Bacon
1 Handvoll Salbeiblätter
1 Tüte Flädlesuppe (für 3/4 l)

3/4 l kaltes Wasser bis zum Kochen erhitzen. Währenddessen den Bauchspeck würfeln. Die Salbeiblätter bis auf einige Blättchen zur Dekoration ebenfalls klein schneiden. Die Speckwürfel mit dem Salbei in einer beschichteten Pfanne erhitzen und knusprig braten.

Den Packungsinhalt mit einem Kochlöffel in das kochende Wasser einrühren. Die Salbei-Speckmischung auf die Teller verteilen, die Suppe hinzugießen und mit den Salbeiblättchen garnieren.

Tomaten-cremesuppe mit Rosmarin und Orangenfilets

für 4 Teller
15 Min

4 kleine Orangen
2 EL Zucker
1 Tüte Tomatencremesuppe (für 1 l)
1 frischer Rosmarinzweig

Zwei Orangen auspressen. Zucker in einen Topf geben, erwärmen und unter Rühren langsam schmelzen. Den Zucker etwas bräunen lassen und dann den Saft der Orangen dazugießen.

Den Packungsinhalt in 3/4 l kaltes Wasser einrühren und ebenfalls in den Topf gießen. Den Rosmarinzweig hinzufügen, das Ganze aufkochen und anschließend ca. 5 Minuten köcheln lassen.

In der Zwischenzeit aus den restlichen zwei Orangen Filets schneiden. Dazu die Orangen dick abschälen, so dass die weiße Haut vollständig entfernt wird und dann mit einem spitzen Messer die Orangenspalten aus der Haut herausschneiden. Die Filets vor dem Servieren zur Suppe geben.

für 3 Teller
10 Min

1 Tüte Kräutercremesuppe (für 3/4 l)
25 Spinat-Minis (TK)
100 g Schafskäse
frisch geriebene Muskatnuss

Tüteninhalt mit einem Schneebesen in 3/4 l kaltes Wasser einrühren und das Ganze zum Kochen bringen. Spinat-Minis hinzufügen und die Suppe 5 Minuten köcheln lassen.

Den Schafskäse in die fertige Suppe bröckeln und mit frisch geriebener Muskatnuss geschmacklich abrunden.

Kräutercremesuppe mit Schafskäse und Spinat

für 3 Teller
15 Min

- 1 Tüte Lauchcremesuppe (für 3/4 l)
- 75 g geräuchertes Forellenfilet
- 1 TL Meerrettich bzw. 1 EL Sahne-Meerrettich
- 3 Scheiben Pumpernickel
- 2 Stich Butter

Lauchcreme-suppe mit Forellenfilet und Pumpernickel-croutons

3/4 l kaltes Wasser in einen Topf gießen und den Tüteninhalt mit einem Kochlöffel einrühren. Die Suppe unter Rühren aufkochen.

Das Forellenfilet in die Suppe zupfen und Meerrettich einrühren. Das Ganze unter gelegentlichem Rühren ca. 5 Minuten bei milder Hitze kochen lassen.

In der Zwischenzeit die Pumpernickelscheiben klein bröseln, die Butter in einer Pfanne erwärmen und die Pumpernickelbrösel darin knusprig braten. Die fertige Suppe mit den Pumpernickelcroutons bestreuen.

für 2 Teller
10 Min

100 g vorgekochte Rote Bete
1 Tüte Kartoffel-Crème-fraîche-Suppe (für 1/2 l)
1/2 Bund Schnittlauch
1 TL Zitronensaft
1 Pr. geriebene Muskatnuss
Kräutersalz, weißer Pfeffer

Paul hatte nie verstanden, was man an glitschiger Rote Bete finden kann, die am Salatbüfett immer liegen bleibt. Bis er bei Julia die köstliche Kartoffel-Crème-fraîche-Suppe mit den leckeren roten Kügelchen probierte. Seitdem weiß er, dass Rote Bete nicht nur schmeckt, sondern auch gut aussehen kann.

1/2 l kaltes Wasser aufsetzen. Die Rote Bete in Streifen schneiden oder mit dem Kugelformer kleine Kugeln herausstechen. Wenn das Wasser kocht, den Packungsinhalt unter Rühren mit dem Schneebesen einrühren.

Die Rote Bete hinzufügen, dann ca. 3 Minuten leicht köcheln lassen. Dabei gelegentlich umrühren. Den Schnittlauch in Röllchen schneiden.

Die fertige Suppe mit Zitronensaft, Muskatnuss, Kräutersalz und Pfeffer abschmecken und mit den Schnittlauchröllchen bestreuen.

Kartoffel-Crème-fraîche-Suppe mit Roter Bete

für 3 Teller
15 Min

- 1 kleine Zwiebel
- 1 Zucchini (200 g)
- 1 Tüte Fränkische Grünkernsuppe (für 1/2 l)
- 1 EL Öl
- 3 EL gemahlene Haselnusskerne

1/2 l Wasser zum Kochen bringen. In der Zwischenzeit die Zwiebel schälen und in kleine Würfel schneiden. Die Zucchini auf einer Reibe grob raffeln.

Den Beutelinhalt mit einem Schneebesen in das kochende Wasser rühren, anschließend unter Rühren ca. 5 Minuten köcheln lassen.

Währenddessen das Öl in einer Pfanne erhitzen, die Zwiebelwürfel hineingeben und glasig werden lassen. Dann die Zucchiniraffel wenige Minuten darin andünsten.

Das Zucchinigemüse zur Suppe geben, die gemahlenen Haselnusskerne unterrühren und die Suppe servieren.

Grünkernsuppe mit Zucchini und Haselnüssen

Champignoncremesuppe mit Bier und Käse

für 2 Teller
20 Min

1 mittelgroße Zwiebel
1 TL Butter
1 Tüte Champignoncremesuppe (für 1/2 l)
100 g frische Champignons
80 g kräftig schmeckender Käse, z. B. alter Gouda
100 ml Bier

Timo bestand darauf, dass wir nichts vom Büfett essen, bevor die Gäste kamen. Dabei hatten wir aber jetzt so'n Hunger. Und konnten unmöglich noch zwei Stunden warten. Das einzige was Timo rausrückte, war 'ne Tüte Champignoncremesuppe. Aber mit dem Bier, das Birte einfach in die Suppe schüttete, schmeckte sie so lecker, dass wir hinterher gar nichts mehr vom Büfett essen wollten.

Die Zwiebel schälen und fein hacken. Die Butter in einem Topf erwärmen und die Zwiebel darin anbräunen.

Packungsinhalt in 400 ml kaltes Wasser einrühren, das Ganze zur Zwiebel in den Topf gießen, zum Kochen bringen und ca. 2 Minuten köcheln lassen. Dabei gelegentlich umrühren.

Champignons in feine Blättchen schneiden, in die Suppe geben und nochmals 1 Minute ziehen lassen. Inzwischen Käse fein reiben.

Das Bier in die fertige Suppe rühren und den geriebenen Käse dazu reichen.

für 4 Teller
20 Min

- 200 g Möhren
- 150 g Zuckerschoten
- 20 g Butter
- 1 EL brauner oder weißer Zucker
- 1 Knoblauchzehe
- Saft einer Limette
- Salz, schwarzer Pfeffer
- 1 Tüte Frühlingssuppe mit Nudeln (für 1 l)
- 1/2 Bund Petersilie

1 l kaltes Wasser in einen Topf gießen und erwärmen. Möhren schälen und in Scheibchen schneiden, Zuckerschoten putzen.

Butter in einem Topf zerlassen und Möhrenscheiben und Zuckerschoten darin wenige Minuten andünsten. Den Zucker darüber streuen und alles unter Rühren etwas bräunen.

Mit dem Limettensaft ablöschen, dann das kochende Wasser aufgießen und den Tüteninhalt mit dem Schneebesen einrühren.

Knoblauch schälen und dazugeben.

Die Suppe ca. 5 Minuten leicht köcheln lassen. Die Petersilie fein hacken und auf die fertige Suppe streuen.

Frische Frühlingssuppe mit karamellisierten Möhrenscheibchen und Zuckerschoten

Hühnercreme-suppe mit Chili, Mango und Mandeln

für 3 Teller
15 Min

- 1 Tüte Hühnercremesuppe mit Chili (für 1/2 l)
- 1 frische Mango oder 1 Dose Mangoscheiben
- 2 EL Zitronensaft
- 1/2 TL Curry
- 50 ml Sahne
- 1 Handvoll Mandelblättchen
- 1 EL Sojasauce oder Sherry
- Salz, Pfeffer

1/2 l kaltes Wasser in einen Topf gießen und den Beutelinhalt mit dem Schneebesen unterrühren. Die Suppe aufsetzen und unter Rühren aufkochen.

In der Zwischenzeit die Mango schälen, bzw. die Mangoscheiben aus der Dose abgießen, in Stücke schneiden und mit dem Mixstab pürieren. Mangopüree in die kochende Suppe geben.

Mit Zitronensaft und Curry würzen und die Sahne unterrühren. Die Suppe ca. 3 Minuten köcheln lassen.

Die Mandelblättchen in einem beschichteten Pfännchen unter Rühren braun rösten. Die fertige Suppe mit Sojasauce bzw. Sherry, Salz und Pfeffer abschmecken und mit den gerösteten Mandelblättchen bestreut servieren.

Erbsensuppe mit Möhren-Würstchen-spieß

für 4 Teller
10 Min

1 Tüte Feine Erbsensuppe mit Schinkenspeck (für 1 l)
4 Bockwürstchen
1 Glas (340 g) junges Erbsen-Möhren-Gemüse
4 Schaschlikspieße
2 EL Crème fraîche mit Kräutern
1 TL Majoran
einige Majoranblättchen

Ob andere Mütter immer etwas zu essen parat haben, wenn plötzlich die gesamte Nachbarskinderhorde einfällt? Nun, ich leider nicht. Aber seitdem ich neulich aus den letzten Vorratskammerresten die Erbsensuppe mit den Möhren-Bockwürstchenspießen kreiert habe, kommen sie auffällig oft „nur mal so" vorbei.

1 l kaltes Wasser in einen Topf gießen und den Packungsinhalt mit einem Schneebesen einrühren. Den Topf auf den Herd setzen und die Suppe unter Rühren aufkochen lassen.

Die Bockwürstchen in größere Stücke schneiden und abwechselnd mit den Möhren auf die untere Hälfte der Schaschlikspieße stecken. Restliche Möhren und die Erbsen zur Suppe geben, Crème fraîche und Majoran hinzufügen und verrühren, dann die Spieße in die Suppe stellen und Deckel aufsetzen. Bei geringer Wärme ca. 5 Minuten ziehen lassen.

Je einen Spieß auf den Teller legen, die Suppe hineingeben und mit gezupften Majoranblättchen dekoriert servieren.

für 2 Teller
10 Min

25 g Tortillachips (Chili)
50 g Frischkäse (Doppelrahmstufe)
1 EL Olivenöl
1 Tüte Tomatensuppe „Toscana“ (für 1/2 l)
einige Blättchen Basilikum

1/2 l Wasser zum Kochen bringen. Tortillachips im Universalzerkleinerer (ca. 10 s) oder im Mörser zerkleinern, mit Hilfe einer Gabel unter den Frischkäse kneten, gleichzeitig das Olivenöl dazugeben.

Packungsinhalt in das kochende Wasser rühren. Basilikum in Streifen schneiden.

Mit einem Teelöffel aus der Tortilla-Frischkäsemasse kleine Nocken abstechen (ca. 12 Stück), in die Suppe geben, Basilikumstreifen darüberstreuen und servieren.

Tomatensuppe mit

Tortillachips-Nocken

für 3 Teller
25 Min

Gulaschsuppe mit Kabanossi und Rotwein

1 Tüte Gulaschsuppe (für 3/4 l)
1 pikante Wurst,
z. B. Kabanossi oder Chorizo
1 EL Olivenöl
je 1/2 TL Thymian und Oregano
2 Lorbeerblätter
50 bis 100 ml kräftiger Rotwein (trocken)
1 Schuss Sahne
3 Thymianzweige

Tüteninhalt in 3/4 l kaltes Wasser einrühren und bis zum Kochen erwärmen.

Wurst in Scheiben schneiden, Öl in einer Pfanne erhitzen. Die Wurstscheiben hineingeben, mit Thymian und Oregano würzen und kurz bräunen. Die gebratenen Wurstscheiben zur Suppe geben, die Lorbeerblätter hinzufügen und die Suppe ca. 15 Minuten bei geringer Hitze köcheln lassen.

Lorbeerblätter wieder herausnehmen und Rotwein und Sahne unterrühren. Die fertige Suppe mit den Thymianstängeln garnieren.

Frühlingssuppe mit Parmesan-nockerln

50 g Parmesan
1 Ei
3 EL Mehl
1 Tüte Frühlingssuppe mit Nudeln (für 1 l)
1 TL Pesto

1 l kaltes Wasser auf den Herd setzen und zum Kochen bringen. Parmesan fein reiben. Das Ei in einer Schale verschlagen, dann Mehl und geriebenen Parmesan unterheben.

Den Packungsinhalt in das kochende Wasser rühren und die Eimasse durch eine Nudel- oder Spätzlepresse (ersatzweise eine Raffelreibe oder ein grobmaschiges Sieb) in die Suppe drücken.

Das Ganze noch ungefähr 2–3 Minuten garen lassen, dann Pesto unterrühren und servieren.

für 4 Teller
15 Min

Nudelsuppe mit Sternchen und Käsemonden

für 4 Teller
20 Min

1 Tüte Sternchensuppe (für 1 l)
1 EL Schnittlauchröllchen
20 g Butter zum Anbraten
2 Toastbrotscheiben
2 Käse-Scheibletten
kleine Mond-Ausstechform

1 l kaltes Wasser zum Kochen bringen und anschließend den Inhalt des Päckchens mit einem Schneebesen in das kochende Wasser rühren. Die Schnittlauchröllchen hinzufügen und die Suppe ca. 10 Minuten bei geringer Wärme kochen lassen.

In der Zwischenzeit die Butter in einer Pfanne zerlassen und die Toastscheiben zunächst von einer Seite kurz anrösten, dann umdrehen, mit den Scheibletten belegen und mit aufgesetztem Deckel nochmals kurz rösten.

Die belegten Toastscheiben aus der Pfanne nehmen, auf ein Brettchen legen und mit der Ausstechform Monde herausstechen. Die fertige Suppe auf die Teller verteilen und die Käsemonde aufsetzen.

für 2 Teller
15 Min

- 3 geh. EL gesalzene Cashewkerne
- 1 milde Peperoni oder 1/2 rote Paprikaschote
- 1 Tüte Blumenkohl-Broccoli-creme-Suppe (für 600 ml)
- 2 EL Olivenöl
- 1 TL Senf
- einige Blättchen Zitronenmelisse

600 ml kaltes Wasser aufsetzen und zum Kochen bringen. Die Cashewkerne grob hacken und Peperoni bzw. Paprika fein schneiden.

Den Packungsinhalt mit einem Schneebesen in das kochende Wasser rühren und ca. 5 Minuten bei schwacher Hitze kochen lassen. Dabei ab und zu umrühren.

Olivenöl in einer Pfanne erhitzen und die gehackten Cashewnüsse und Peperonischeiben darin bräunen.

Den Senf in die Suppe rühren und die Mischung aus Cashewkernen und Peperoni darüber streuen. Mit den Zitronenmelisseblättchen garnieren.

Blumenkohl-Broccolicreme-Suppe mit Cashewkernen und Peperoni

Apfel-Curry Rahm-Hühnersuppe

für 4 Teller
15 Min

- 1 Tüte Hühnersuppe mit Nudeln (für 1 l)
- 1 Apfel
- 1/2 geh. TL Curry
- 1 Spritzer Zitronensaft
- 1/8 Liter Sahne
- Curry, Paprikapulver

1 l kaltes Wasser zum Kochen bringen, währenddessen einen Apfel auf einer Reibe fein reiben. Den Packungsinhalt mit einem Schneebesen in das kochende Wasser einrühren.

Den fein geriebenen Apfel hineingeben, mit Curry und Zitronensaft würzen und ca. 5 Minuten bei schwacher Hitze köcheln lassen.

Die Sahne mit dem Mixer ca. 1 Minute cremig aufschlagen und unter die fertige Suppe ziehen.

Mit etwas Curry- und Paprikapulver dekorieren.

Eigentlich hatte Patrick ja gehofft, mit ganz viel Süßigkeiten vom Martinsumzug nach Hause zu kommen. Stattdessen kehrte er mit einem ganzen Sack Äpfel zurück. Nicht gerade der Traum eines Bonbon-liebenden Fünfjährigen. Zum Trost habe ich ihm seine Lieblingshühnersuppe gekocht. Und den Apfel, den ich ihm zu Ehren dazugegeben habe, fand er sogar richtig klasse. Gut, dass wir noch einen ganzen Sack für viele Suppen haben.

Minestrone mit Birne und Fenchel-Rotbarsch

für 3 Teller
30 Min

- 1 Tüte Gemüsesuppe Minestrone (für 3/4 l)
- 2 Teebeutel Fencheltee
- 1 reife Birne
- 150 g Rotbarschfilet
- Salz, Pfeffer
- 1 TL Zitronensaft

3/4 l Wasser in einen Topf gießen und auf dem Herd zum Kochen bringen. Zunächst den Beutelinhalt mit einem Schneebesen in das kochende Wasser einrühren, dann die beiden Teebeutel hineinhängen.

Die Suppe ca. 15 Minuten bei schwacher Wärme kochen lassen. Die Birne schälen, klein schneiden und direkt zur Suppe geben.

Das Rotbarschfilet ebenfalls in kleine Stücke zupfen und 5 Minuten vor Ende der Kochzeit in die Suppe geben. Die fertige Suppe mit Gewürzen und Zitronensaft abschmecken.

für 2 Teller
10 Min

- 1 Tüte Kartoffelcremesuppe (für 1/2 l)
- 50 g Rucola
- 3 EL gewürfelter Speck, z. B. Bacon
- 1 TL Öl

1/2 l kaltes Wasser in einen Topf geben, Tüteninhalt einrühren und unter mehrmaligem Rühren aufkochen.

Währenddessen den Rucola waschen und in feine Streifen schneiden. Öl in einer Pfanne erwärmen und den Speck darin anbräunen.

Rucolastreifen in die fertige Suppe rühren, den Speck dazureichen.

Kartoffelcremesuppe mit Rucola und Speck

Nudelsuppe mit Thunfisch, Pizza-tomaten und Mozzarella

für 4 Teller
15 Min

1 Tüte Nudelsuppe (für 1 l)
1 Dose Thunfisch (in Wasser)
1 Dose (400g) Pizzatomaten
1/2 Bund krause oder
glatte Petersilie
1 kleiner Mozzarella (125 g)

1/2 l Wasser zum Kochen bringen und den Packungsinhalt unter Rühren hineingeben.

Den Thunfisch und die Pizzatomaten zur Suppe geben und ca. 10 Minuten bei milder Hitze kochen lassen, dabei gelegentlich umrühren. Die Petersilie hacken und kurz vor Ende der Garzeit in die Suppe rühren.

Mozzarella würfeln oder zupfen und über die fertige Suppe streuen.

für 4 Teller
10 Min

- 1 Tüte Tomatencremesuppe (für 1 l)
- 250 g Naturjoghurt (3,5 %)
- 1 TL Speisestärke
- 2 Knoblauchzehen
- 1 Spritzer Zitronensaft
- Salz, Pfeffer
- 3 EL gehackte Petersilie

Tomatencremesuppe mit Knoblauch-Petersilie-Joghurtdip

Packungsinhalt mit dem Schneebesen in kaltes Wasser einrühren und zum Kochen bringen. Das Ganze ab und zu umrühren und ca. 3 Minuten bei milder Hitze kochen lassen.

Den Joghurt mit einem Löffel cremig schlagen und die Speisestärke unterrühren. Die Knoblauchzehen schälen und in den Joghurt pressen.

Den Dip mit Zitronensaft, Salz und Pfeffer abschmecken und die gehackte Petersilie unterheben.

Den Joghurt in die fertige, nicht mehr kochende Suppe rühren oder in die Suppenteller klecksen.

- 1 Tüte Tomatensuppe (für 1 l)
- 3 EL Ajvar (Paprika Gemüsezubereitung)
- 250 g Hackfleisch
- 2 geh. TL Pesto
- Salz, Pfeffer
- 2 Stich Butter
- 4 Stängel frisches Basilikum

Tomatensuppe mit Pestoröllchen und Basilikum

1 l kaltes Wasser in einen Topf gießen, den Beutelinhalt mit einem Kochlöffel einrühren und bis zum Kochen erhitzen. Ajvar hinzufügen und dann ca. 15 Minuten bei geringer Hitze köcheln lassen. Dabei gelegentlich umrühren.

Gehacktes in eine Schüssel geben, mit Pesto verkneten und etwas salzen und pfeffern. Aus der Masse Röllchen formen und in heißer Butter von allen Seiten anbraten, dann Deckel auf die Pfanne setzen und ca. 10 Minuten garen lassen.

Basilikum in feine Streifen schneiden. Suppe mit den Röllchen und Basilikumstreifen garniert servieren.

für 4 Teller
20 Min

Kalte Tomatencremesuppe mit Salatgurke und Chicorée-blättern

für 4 Teller
20 Min

- 1 Tüte Tomatencremesuppe (für 1 l)
- 2 Scheiben Toastbrot
- 1 Salatgurke
- 2 Knoblauchzehen
- 2 EL Olivenöl
- 1 EL Aceto Balsamico
- Salz, Pfeffer, Paprika
- 1 Chicorée

Erst habe ich mich schon aufgeregt, dass sich Franzi und Oliver mal wieder um Stunden verspätet haben. Zumal ich extra noch schnell die Tomatensuppe gekocht hatte. Doch als wir die Suppe dann endlich gegen Mitternacht gegessen haben, natürlich kalt, erinnerte sie mich doch stark an die leckere Gazpacho, die wir letztes Jahr zusammen in Granada probiert hatten. Gut, dass Franzi noch die Idee mit den Chicoréeblättern hatte.

Packungsinhalt in 1/2 l Wasser einrühren und auf dem Herd bis zum Kochen erwärmen, anschließend ca. 5 Minuten köcheln lassen. Toastbrot hineinlegen und erkalten lassen.

Gurke schälen und in große Stücke schneiden. Evtl. einige ungeschälte dünne Gurkenscheiben zur Dekoration zurückbehalten. Knoblauchzehen schälen und fein reiben.

Alles mit dem Olivenöl und dem Essig in einen hohen Topf geben und pürieren. Mit den Gewürzen abschmecken und ca. 1 Stunde in den Kühlschrank stellen.

Chicorée putzen und in einzelne Blätter zerteilen. Die kalte Tomatensuppe auf den Chicoréeblättern servieren und mit Gurkenscheiben dekorieren.

Hühnersuppe thailändische Art

für 3 Teller
15 Min

1 rote Chilischote oder
2–3 kleine scharfe Piri-Piris
1 Limette (unbehandelt) oder
alternativ 2 EL Zitronensaft
250 ml Kokosmilch (ungesüßt)
1 Tüte Hühnersuppe mit Nudeln
(für 3/4 l)
1 Glas Bambussprossen
2 TL süße Sojasauce
1/2 TL Paprika Edelsüß
1/2 TL Kurkuma (Gelbwurz)
einige Blättchen frischer
Koriander

Chilischote (am besten mit Handschuhen) längs aufschneiden, Kerne und Fasern entfernen und in Ringe schneiden.

Limette in dünne Scheiben schneiden. 1/2 l Wasser und die Kokosmilch in einen Topf gießen, die Chiliringe, bzw. Piri-Piris und Limettenscheiben (bzw. Zitronensaft) dazugeben und bis zum Kochen erhitzen.

Packungsinhalt mit einem Kochlöffel einrühren und ca. 3 Minuten bei geringer Hitze kochen lassen. Mit Sojasauce und Gewürzen abschmecken. Mit Korianderblättchen bestreut servieren.

Minestrone mit Reis und Parmesan

für 3 Teller
25 Min

- 2 Knoblauchzehen
- 20 g Butter
- 3 EL Reis
- 1 Tüte Gemüsesuppe Minestrone (für 3/4 l)
- 1 Hand voll Petersilie
- 1/2 Hand voll Basilikum
- 1 EL kaltgepresstes Olivenöl
- frisch geriebener Parmesan

Knoblauchzehen schälen und in Würfel schneiden. Butter in einem Topf zerlassen, die Knoblauchwürfel und den Reis darin ein wenig dünsten, dann mit 900 ml Wasser aufgießen.

Das Ganze zum Kochen bringen und den Packungsinhalt mit einem Kochlöffel in die kochende Flüssigkeit einrühren. Ca. 15 Minuten leicht köcheln lassen.

In der Zwischenzeit Petersilie und Basilikum klein schneiden und in der Suppe ziehen lassen. Olivenöl in die fertige Suppe rühren und mit Parmesan bestreut servieren.

für 2 Teller
15 Min

- 1 Tüte Zwiebelcremesuppe (für 1/2 l)
- 1 große Zwiebel
- 150 g Schweinefleisch, z. B. 1 Schweineschnitzel
- Salz, Pfeffer, Gyrosgewürz
- 2 geh. EL Kartoffelpüreeflocken
- 100 ml kalte Milch

Zwiebelcremesuppe mit Gyros

1/2 l kaltes Wasser zum Kochen bringen. Den Packungsinhalt einrühren und ca. 5 Minuten bei milder Hitze kochen lassen. Gelegentlich umrühren.

Zwiebel schälen und in Ringe schneiden. Schweinefleisch in dünne, mundgerechte Streifen schneiden. Öl in einer Pfanne erhitzen, zunächst die Zwiebelringe darin dünsten, dann die Schweinefleischstreifen darin anbraten.

Das Fleisch salzen, pfeffern und mit Gyrosgewürz würzen. Die Kartoffelpüreeflocken in die kalte Milch rühren und in die heiße Suppe geben.

Alles verrühren, auf Teller verteilen und die Gyrosstreifen darauf anrichten.

- 1 kleine Dose Ananas in Stücken oder Scheiben
- 1 Tüte Zwiebelsuppe (für 3/4 l)
- 1 geh. EL Tomatenmark
- 1–2 Msp. Sambal Oelek

Scharfe Zwiebel-Ananas-Suppe

Ananas über ein Sieb abgießen und dabei den Saft auffangen. Den Saft mit Wasser auf 3/4 l ergänzen und in einem Topf zum Kochen bringen.

Packungsinhalt einrühren und alles kurz aufkochen, dann bei geringer Wärme ca. 10 Minuten köcheln lassen. Die Ananas in feine Stückchen schneiden und zur Suppe geben.

Zum Schluss Tomatenmark einrühren und mit Sambal Oelek scharf abschmecken.

für 3 Teller
20 Min

Zwiebelsuppe mit Pflaumen und Pinienkernen

für 3 Teller
15 Min

50 g Soft-Trockenpflaumen
2 EL Pinienkerne
1 Tüte Zwiebelsuppe (für 3/4 l)
1 Msp. Zimt

Wieso müssen David und Gregor immer unangemeldet vorbeikommen? Und dann noch nervig mit den Suppenlöffeln klappern, wenn ich ihnen schnell eine Zwiebelsuppe koche? Zur Rache habe ich einfach Evas Trockenpflaumen in die Suppe geworfen. Leider fanden die beiden das richtig köstlich… und ich eigentlich auch.

3/4 l kaltes Wasser aufsetzen und zum Kochen bringen. Währenddessen die Trockenpflaumen klein schneiden und die Pinienkerne hacken.

Den Packungsinhalt mit einem Kochlöffel in das kochende Wasser rühren und ca. 10 Minuten köcheln lassen.

Nach 5 Minuten Kochzeit die Pflaumen und die Pinienkerne hinzufügen. Die fertige Suppe mit dem Zimt abschmecken.

Indische
Möhren-Kartoffel-Suppe

für 2 Teller
10 Min

- 1/4 l Karottensaft (gesüßt oder ungesüßt, je nach Geschmack)
- 1 Tüte Kartoffelcremesuppe (für 1/2 l)
- 1 TL gemahlener Kreuzkümmel
- 1/2 TL gemahlener Koriander
- 1 TL Zitronensaft
- 4 EL Sahne
- 1 geh. EL Tomatenmark
- 1/2 gestr. TL Paprika Edelsüß
- einige frische Korianderblättchen oder glatte Petersilie

1/4 l kaltes Wasser mit dem Karottensaft in einem Topf mischen und den Packungsinhalt mit dem Schneebesen einrühren.

Die Suppe auf dem Herd erwärmen und kurz aufkochen. Kreuzkümmel, Koriander und Zitronensaft unterrühren.

Die Suppe in zwei Portionen aufteilen. Die Sahne mit der einen Suppenportion verrühren, Tomatenmark und Paprikapulver unter die zweite Portion rühren.

Zunächst in jeden Teller etwas von der dunkleren Suppe geben, dann die helle hinzufügen und beide mit einem Löffel etwas ineinander rühren.

Mit Koriander- oder Petersilienblättchen dekorieren.

für 3 Teller
20 Min

1 Tüte Zwiebelsuppe (für 3/4 l)
50 ml Sherry
1/8 l Sahne
300 g Miesmuscheln oder
TK Fruit de Mer (vorgekocht)

3/4 l Wasser zum Kochen bringen und den Packungsinhalt mit einem Schneebesen einrühren. Muscheln gründlich säubern, in die Suppe geben und bei mäßiger Wärme ca. 10 Minuten köcheln lassen. (Fruit de Mer je nach Packungsanweisung.)

Sherry und Sahne hinzufügen und alles mit dem Pürierstab ca. 1/2 Minute schaumig schlagen.

Zwiebelsuppe „Sherry-Cream" mit Muscheln

für 4 Teller
15 Min

- 200 g Hähnchen- oder Putenbrustfilet
- 2 EL Sonnenblumenöl
- 2 EL Granatapfelsirup
- 1 EL süße Sojasauce
- Salz, schwarzer Pfeffer
- 1 Tüte Hühnersuppe mit Nudeln (für 1 l)
- 2 EL Weißwein
- 1 Frühlingszwiebel
- evtl. einige frische Granatapfelkerne zur Dekoration

1 l kaltes Wasser aufsetzen und zum Kochen bringen. Hähnchenbrustfilet in feine Streifen schneiden.

Öl in der Pfanne erhitzen, die Streifen dazugeben, unter Wenden anbraten, mit Granatapfelsirup und Sojasauce ablöschen und noch in der Pfanne kräftig mit Salz und Pfeffer würzen.

Beutelinhalt in das kochende Wasser einrühren und ca. 5 Minuten unter gelegentlichem Rühren bei verminderter Hitze weiter köcheln lassen. Die gebratenen Fleischstreifen hinzufügen und die Suppe mit dem Wein abschmecken.

Die Frühlingszwiebel putzen und in Ringe schneiden. Granatapfelkerne herauslösen und mit den Frühlingszwiebelringen auf die Suppe streuen.

Hühnersuppe mit Granatapfelsirup

Als Tante Sophia plötzlich vor der Tür stand, wurde es Klara doch mulmig zumute. Was konnte sie bloß ihrer gefürchteten Feinschmeckertante anbieten? Die improvisierte Suppe mit den Granatapfelkernen ist dann zum Glück sehr gut angekommen. Tante Sophia hat sogar lobend genickt. Dass es eine Tütensuppe war, wird sie hoffentlich nie erfahren. Und hoffentlich auch nie mehr unangemeldet vorbeikommen.

Gepfeffertes Champignon-Hähnchen aus dem Backofen

für 4 Portionen
60 Min

- 400 g Hähnchenbrustfilet
- 1 Tüte Champignoncremesuppe (für 1/2 l)
- 1 Becher Sahne (200 g)
- 100 ml Milch
- 300 g kleine Champignons
- einige Blätter frischer oder getrockneter Estragon
- 1 EL grüner Pfeffer

Hähnchenbrustfilet abwaschen und trocken tupfen. Von allen Seiten mit etwas Salz und Pfeffer bestreuen und einreiben. Eine kleine Auflaufform fetten und die Hähnchenbrustfilets eng nebeneinander hineinlegen.

1 EL des Beutelinhalts über das Hähnchenfleisch verteilen, den Rest in die Sahne rühren. Milch zur Sahne geben, die Champignons putzen und halbieren.

Estragon klein schneiden. Grünen Pfeffer abspülen, etwas zerdrücken und mit Estragon und den Champignons unter die Sahnemischung rühren.

Die Sauce auf den Hähnchenfilets verteilen und im vorgeheizten Backofen bei 200°C ca. 45 Minuten überbacken.

Flädlesuppe mit Blutwurst und Apfelmus

für 3 Teller
15 Min

150 g Blutwurst
1 Tüte Flädlesuppe (für 3/4 l)
20 g Butter
6 EL Apfelmus

3/4 l Wasser in einen Topf gießen und bis zum Kochen erwärmen. Blutwurst in kleine Streifen schneiden. Butter in einer Pfanne erhitzen und die Blutwurststreifen kurz darin dünsten.

Den Packungsinhalt mit einem Schneebesen in das kochende Wasser einrühren und unter Rühren aufkochen lassen.

Die gebräunten Blutwurststreifen in die fertige Suppe geben. Suppe auf drei Teller verteilen und auf jede Suppenportion 2 Esslöffel Apfelmus geben.

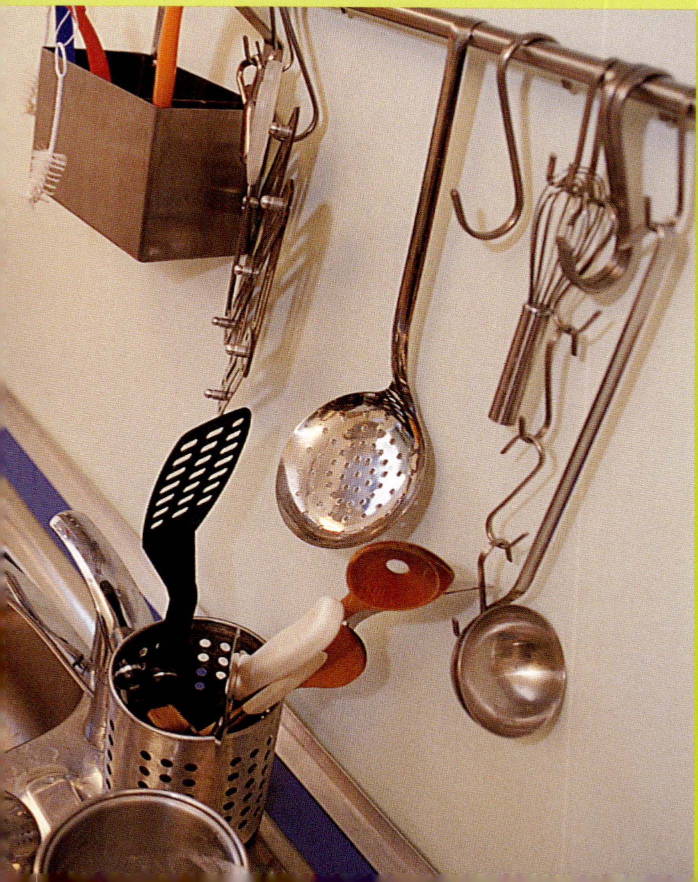

für 2 Teller
15 Min

1 kleine Zwiebel
1 rote Paprika
1 EL Öl
1 Tüte Waldpilzsuppe oder Pfifferlingsuppe (für 1/2 l)
200 g Gehacktes vom Rind
Salz, Pfeffer
Schnittlauchröllchen (TK)

Heute habe ich für Vati mal wieder seine Lieblingssuppe mit Pilzen gekocht. Dabei wußte ich schon vorher, dass er wieder mit seiner alten Geschichte anfangen würde: Anno 1950, als er mit Udo zelten war, und sie nur noch diese Tütensuppe dabei hatten, wie Udo mit den gesammelten Pilzen ankam, und beide die ganze Nacht nicht schlafen konnte, weil sie Angst hatten, dass Udo das Pilzerkennungsbuch doch nicht richtig angewendet hatte. Aber eigentlich höre ich die Geschichte immer wieder ganz gerne, und die Suppe war auch mal wieder richtig lecker.

1/2 l Wasser aufsetzen. In der Zwischenzeit die Zwiebel schälen und in kleine Würfel schneiden. Paprika waschen, putzen und ebenfalls klein schneiden. Öl in einer Pfanne erhitzen, die Zwiebelwürfel darin glasig dünsten.

Wenn das Wasser kocht, den Packungsinhalt mit dem Schneebesen einrühren und ca. 5 Minuten köcheln lassen. Die Paprikawürfel und das Hackfleisch in die Pfanne geben und unter Rühren krümelig braten.

Mit Salz und Pfeffer würzen, zur Suppe geben, nochmal abschmecken und mit Schnittlauchröllchen bestreut servieren.

Waldpilzsuppe mit Gehacktem und Paprikawürfeln

für 4 Portionen
40 Min

400 g Kabeljau- oder
Rotbarschfilet
Salz, Pfeffer
Saft einer 1/2 Zitrone
75 g Butter
1 Tüte Kräutercremesuppe
(für 1/2 l)
1/2 Becher Sahne (100 g)
2 EL Semmelbrösel

Fischfilet von beiden Seiten salzen, pfeffern, mit Zitronensaft beträufeln und in eine feuerfeste Form legen.

50 g Butter in einem Topf zerlassen, den Packungsinhalt in die geschmolzene Butter rühren, die Sahne hinzufügen und unter Rühren kurz aufkochen lassen. Die Masse auf dem Fischfilet verteilen, dann die Semmelbrösel obenauf streuen und die restliche Butter in Flöckchen auf den Bröseln verteilen.

Im vorgeheizten Backofen bei 180–200 °C ca. 20 Minuten backen.

Rotbarschfilet mit Kräutercremekruste

Spargelcreme-suppe mit roten Linsen und Ei-Kaviar-Inseln

für 3 Teller
15 Min

- 50 ml Sahne
- 3 Eier
- 1 Tüte Spargelcremesuppe (für 3/4 l)
- 4 EL rote Linsen
- 1 Spritzer Zitronensaft
- 2 TL Deutscher Kaviar

700 ml kaltes Wasser und Sahne in einen Topf geben und bis zum Kochen erwärmen. Die Eier in einem anderen Topf hart kochen (8–10 Minuten).

Den Packungsinhalt mit einem Schneebesen in das kochende Wasser einrühren, die Linsen hinzufügen und ca. 5 Minuten leicht köcheln lassen.

Die fertige Suppe mit Zitronensaft abschmecken. Die gekochten Eier abschrecken, pellen und halbieren.

Die Suppe auf die Teller verteilen, die Eihälften mit wenig Kaviar dekorieren und je zwei Hälften in einen Suppenteller setzen.

für 2 Teller
10 Min

1 Tüte Schinkencremesuppe (für 1/2 l)
150 g TK Erbsen
2 Scheiben gekochter Schinken
1 Pr. Muskatnuss

1/2 l kaltes Wasser aufsetzen und zum Kochen bringen. Tüteninhalt mit einem Schneebesen in das kochende Wasser einrühren und anschließend die Erbsen hinzufügen.

Das Ganze ca. 3 Minuten bei mäßiger Wärme köcheln lassen. Den Schinken in Streifen schneiden.

Die Suppe mit Muskatnuss würzen und mit den Schinkenstreifen bestreut servieren.

Schinkencremesuppe mit Erbsen

für 2 Teller
10 Min

1 Tüte Kartoffelcremesuppe (für 1/2 l)
200 g grüne Bohnen (Konserve)
2 EL Kokosflocken
2 EL frisches oder 1 TL getrocknetes Bohnenkraut
1 Msp. Piment
etwas Curry und Chiligewürz

Eigentlich hatte Silke die Kokosflocken nur in die Suppe geworfen, weil Christopher mal wieder so mit seinem Batida de Coco Cocktailrezept angab. Dass das Ganze so gut schmecken würde, hatte sie wirklich nicht geahnt. Aber seitdem gibt sie noch mehr mit ihrem Suppenrezept an, als Christopher mit seinen lausigen Cocktails.

1/2 l kaltes Wasser in einen Topf geben und den Tüteninhalt unter Rühren mit einem Schneebesen hinzufügen. Bohnen und Kokosflocken dazugeben und das Ganze unter Rühren erwärmen und kurz aufkochen.

Das Bohnenkraut zupfen. Die Suppe mit Piment würzen und mit Curry und Chili geschmacklich abrunden.

Vor dem Servieren mit dem gezupften Bohnenkraut bestreuen.

Kartoffelcremesuppe mit Bohnen und Kokosflocken

Lauchcreme-suppe mit frischem Lachs und Dill

für 3 Teller
15 Min

1 Tüte Lauchcremesuppe (für 3/4 l)
2 geriebene Kartoffeln (mittelgroß)
1 Lachsfilet (ca. 100 g)
1/2 Bund Dill
4 TL Crème fraîche

3/4 l kaltes Wasser in einen Topf geben und den Inhalt des Beutels mit einem Kochlöffel einrühren. Den Topf auf den Herd setzen und unter Rühren bis zum Kochen erhitzen.

Kartoffeln schälen und auf einer feinen Reibe direkt in die Suppe reiben. Das Lachsfilet zunächst am Stück in die Suppe geben. Alles anschließend ca. 5 Minuten bei milder Hitze kochen.

Das Lachsfilet in kleine Stücke teilen. Dill von den dicken Stängeln zupfen und etwas klein schneiden.

Suppe auf die Teller verteilen, jeden Teller mit je einem Teelöffel Crème fraîche dekorieren und mit Dill bestreuen.

für 4 Teller
15 Min

- 1 Tüte Ochsenschwanzsuppe (für 1 l)
- 1 EL Erdnusscreme
- 3 EL schwarze Oliven in Scheiben (aus dem Glas)
- Salz
- 2 EL gehackte Erdnüsse zum Bestreuen

Ochsenschwanzsuppe mit Erdnüssen und Oliven

1 l kaltes Wasser zum Kochen bringen. Inhalt des Päckchens mit dem Schneebesen in das heiße Wasser einrühren.

Die Erdnusscreme mit wenig heißer Flüssigkeit aufrühren und dann in die Suppe geben. Die Olivenscheiben ebenfalls hinzufügen und das Ganze noch 2–3 Minuten unter gelegentlichem Rühren bei geringer Wärme kochen lassen.

Mit Salz abschmecken und mit den gehackten Erdnusskernen bestreut servieren.

- 1 Tüte Ochsenschwanzsuppe (für 1 l)
- 1 kleine Dose Kidneybohnen
- 2 große Pellkartoffeln vom Vortag
- 2 Knoblauchzehen
- 2 EL Olivenöl
- 1/4 TL Salz

Ochsenschwanzsuppe mit Kartoffel-Aioli

1 l kaltes Wasser in einen Topf geben und Tüteninhalt einrühren. Den Topf aufsetzen und unter Rühren bis zum Kochen erhitzen.

Die Kidneybohnen abgießen, dazugeben, die Suppe anschließend ca. 15 Minuten köcheln lassen und gelegentlich umrühren.

Die Kartoffeln pellen und mit einer Gabel oder dem Kartoffelstampfer zerquetschen. Die Knoblauchzehen schälen und fein hacken.

Das Olivenöl zusammen mit den Knoblauchwürfeln zum Kartoffelmus geben und alles untermengen. Mit dem Salz würzen.

Je einen Schlag Kartoffel-Aioli in den Teller geben und die Suppe dazugießen.

für 3 Teller
20 Min

Ochsenschwanz-suppe mit Ei und Madeira

für 4 Teller
10 Min

1 Tüte Ochsenschwanz-suppe (für 1 l)
2 Eigelb
1/4 l Sahne
1 EL Madeira

Eigentlich koche ich die Ochsenschwanzsuppe nur, weil Claudias Sohn Pieter bei „Ochsenschwanz" immer so nett giggelt. Auch schon bevor er die mit Madeira abgeschmeckte Suppe probiert hat. Aber das mit dem Madeira verschweige ich Claudia sowieso besser.

1 l kaltes Wasser aufsetzen und zum Kochen bringen. Den Tüteninhalt mit dem Schneebesen in das kochende Wasser rühren und ca. 5 Minuten bei geringer Wärme kochen lassen. Ab und zu umrühren.

Das Eigelb in einer Schale mit der Sahne verschlagen und in die fertige heiße Suppe rühren. Die Suppe danach nicht mehr kochen.

Mit dem Madeira abschmecken und servieren.

Hühnersuppe mit Nudeln und pochiertem Eigelb

für 3 Teller
20 Min

- 1 Tüte Hühnersuppe mit Nudeln (für 3/4 l)
- 2 Handvoll Bandnudeln
- 1/2 TL Curry
- 3 Eier
- 1 TL Sambal Oelek
- 1 TL Schnittlauchröllchen
- 3 Butterflöckchen

800 ml kaltes Wasser aufsetzen und zum Kochen bringen. Packungsinhalt in das kochende Wasser einrühren, die Bandnudeln hinzufügen und ca. 8 Minuten kochen lassen.

Mit Curry würzen und anschließend die Eier nacheinander aufschlagen und roh in die Suppe gleiten lassen.

Das Eiweiß in der Suppe vorsichtig verrühren, das Eigelb jedoch nicht. So entstehen drei Eigelbkugeln. Das Ganze ca. 2 Minuten weiterkochen lassen, dann Schnittlauchröllchen und Sambal Oelek einrühren.

Die Suppe auf drei Teller verteilen und je ein Butterflöckchen aufsetzen.

Dies ist Marks absolute Lieblingssuppe. Und deswegen hat er sie schon mindestens tausendmal gegessen. Und wenn er sich und Stefanie was besonders Gutes tun will, tut er noch ein paar Putenbruststreifen dazu. Sozusagen als Ralleystreifen für die getunte Suppe.

Spargelcreme-suppe mit Orangen und Krabben

für 2 Teller
10 Min

- 1 Tüte Spargelcremesuppe (für 1/2 l)
- 1 Dose Eismeerkrabben (150 g)
- 1 Orange
- 1/2 Bund frische Petersilie

450 ml Wasser zum Kochen bringen, den Tüteninhalt unter Rühren mit einem Schneebesen hineingeben.

Salzlake der Krabben abgießen, die Krabben kurz spülen und zur Suppe geben. Die Suppe ca. 1 Minute leicht köcheln lassen.

Währenddessen die Orange auspressen und die Petersilie fein hacken. Den Orangensaft in die Suppe geben, umrühren und die Suppe mit der gehackten Petersilie servieren.

für 2 Teller
10 Min

1 Tüte Skandinavische Krabbensuppe (für 1/2 l)
1 reife Avocado
1 EL Zitronensaft
1/2 Bund frischer Dill
Kräutersalz, weißer Pfeffer

Packungsinhalt in 1/2 l kaltes Wasser einrühren. Suppe bis zum Kochen erwärmen und ca. 3 Minuten köcheln lassen.

Avocado schälen und mit dem Zitronensaft pürieren. Dill klein zupfen. Avocadopüree in die fertige Suppe einrühren, mit Kräutersalz und weißem Pfeffer abschmecken.

Mit Dill bestreut servieren.

Skandinavische Krabbensuppe mit Avocado und Dill

Ravioli in Tomatenrahm

für 2 Teller
10 Min

250 g Ravioli oder Tortellini (Kühltheke)
1 Becher Sahne (200 g)
100 ml Wasser
1 Tüte Tomatensuppe „Toscana“ (für 1/2 l)
50 g Käse, z. B. Gruyère
1 Knoblauchzehe
einige Stängel frischer Thymian oder Basilikum

Die Tortellini oder Ravioli nach Packungsanweisung ca. 1 Minute in siedendem Salzwasser kochen.

Sahne und Wasser in einem Topf mischen, den Packungsinhalt einrühren und alles einmal aufkochen lassen. Den Käse hineinreiben und die zerkleinerte Knoblauchzehe dazugeben.

Mit Thymianblättchen oder geschnittenem Basilikum würzen. Die Ravioli im Tomatenrahm servieren.

für 4 Portionen
30 Min

800 g Kartoffeln
200 ml Milch
100 ml Wasser
1 Tüte Zwiebelsuppe (für 3/4 l) oder 1 Tüte Broccolicremesuppe usw.

Kartoffeln schälen, in kleine Stücke schneiden und ca. 20 Minuten im Salzwasser gar kochen.

Milch und Wasser in einem größeren Topf mischen, auf dem Herd zum Kochen bringen, den Beutelinhalt einrühren und ca. 5 Minuten bei milder Hitze köcheln lassen.

Die fertigen Kartoffeln abgießen, zur Suppe geben und mit dem Kartoffelstampfer pürieren.

Selbstgemachtes Kartoffelpüree mit Zwiebelaroma